와이즈만 BOOKs

엉뚱한 과학덕후 파토쌤의
오싹오싹 상담소

벌레·벼락·귀신이 무서워!

글 원종우 이선강 | 그림 유영근
감수 와이즈만 영재교육연구소

저자 서문
고민이 있는 친구, 주목!

고민 있지? 아마 대부분의 친구가 그럴 거야.

밤에 혼자 있을 때 느끼는 막연한 무서움이나, 거울 속 내 모습이 마음에 들지 않는 속상함, 친구가 나보다 잘났을 때 느끼는 씁쓸한 기분 같은 것들 말이야.

어떤 날은 별것도 아닌 일에 짜증이 폭발하기도 하고, 좋아하는 사람 앞에서는 왜 이렇게 바보가 되는지 모르겠고.

사실 파토쌤도 어렸을 때 그랬어.

초등학교 때 좋아하던 아이가 있었는데 마주치기만 해도 얼굴이 빨개져서 말도 제대로 못 했어. '나만 이렇게 이상한 걸까?' 하면서 혼자 고민했지. 그런데 나중에 과학을 배우면서 알게 됐어.

사랑에 빠지면 뇌에서 특별한 화학 물질들이 분비되고, 그래서 심장이 빨리 뛰고 얼굴이 빨개지는 거라는 걸. 이유를 알고 나니까 내 마음을 이해할 수 있게 되더라고.

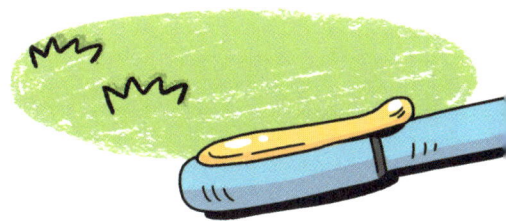

혹시 너도 그런 적 있니? 뭔가 잘 모르겠어서 불안하거나, 어른들한테 물어봐도 시원한 대답을 못 들었거나. 그럴 때 넌 어떻게 하고 있어?

이제 아무거나 상담소의 문을 두드려 봐! 파토쌤이 온갖 과학 지식으로 그 고민들을 하나하나 풀어 주거든. 과학은 정말 마법 같아. 주변의 온갖 일들은 물론, 우리 마음과 몸에서 일어나는 일들까지 다 설명해 주지. 괜한 것은 없다고, 모든 일에는 이유가 있다고 차근차근, 따뜻하게 말해 주는 게 과학이야.

이 책을 읽는 동안 네가 직접 상담소에 와 있다고 생각해 봐. 상담소를 찾은 친구들의 고민이 너의 고민과 크게 다르지는 않을 거야. 천천히 파토쌤의 설명을 들어 봐. 분명 네 마음도 한결 가벼워질 거야.

이 책을 다 읽고 난 뒤라면 너도 작은 과학자가 되어 있을걸? 친구들이 고민을 털어놓을 때 "아, 그건 이런 과학적 이유 때문이야"라고 웃으며 설명해 줄 수 있게 될지도 몰라!

차례

고민 있는 친구, 주목! 4

0

진짜 아무거나 된다면? 8
아무거나 상담소의 주인공을 소개합니다! 14

1

모두 사라져 버렸으면 좋겠어! 16
낯설고 무섭고 친근하며 귀여운 것은? 20
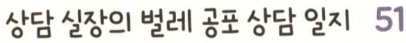
민희의 벌레 공포 상담 일기 33

천천히 친해지기 34
상담 실장의 벌레 공포 상담 일지 51

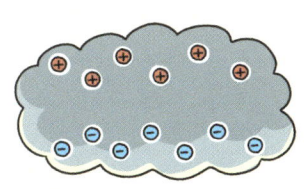

2

어른도 벼락을 무서워한다고? 52
벼락은 과학입니다 62
102호 아저씨의 벼락 공포 상담 일기 73
정말 무서워해야 할까? 74
상담 실장의 벼락 공포 상담 일지 88

3

우리 집에 귀신이 살아요! 90
소리와 그림자의 과학 95
나는 공포 탐정! 귀신의 정체를 알려 주지! 100
지수의 귀신 공포 상담 일기 111
아직도 내가 귀신으로 보이니? 112
상담 실장의 귀신 공포 상담 일지 124

상담소 톡! 톡! 126

진짜 아무거나 된다면?

나는 파토쌤. 과학을 재미있게 이야기하길 좋아하지. 〈엉뚱하지만 과학입니다〉로 너희와 부쩍 친해진 것 같아. 과학의 재미를 전하면서 너희가 생각보다 더 과학에 관심이 많다는 걸 알게 됐어. 일상생활이나 우리 주변의 일을 과학으로 설명하고 해결하는 걸 무척 신기해하더라.

특히, 내 어린 친구 덕분에 알게 됐지. 과학으로 풀 수 있는 고민을 혼자 끙끙 앓는 친구도 많다는 걸 말이야.

"쌤~! 오늘은 왜 이렇게 더운 거예요?"

오늘도 녀석이 왔어. 바로 내 어린 친구 태민이!

어휴, 연구실에 놀러 오는 것도 모자라 산책길까지 따라온다니까. 갈 때도 올 때도 질문이야. 날마다 두 번 이상 묻는 '질문 미션'이라도 하나 궁금할 지경이야.

어떨 땐 좀 귀찮기도 하지만, 궁금한 게 있다는데 기특하잖아! 궁금증은 관심이 있다는 뜻이거든.

이렇게 두 해 가까이 지내다 보니 이 녀석이 제법 아는 게 많아졌어.

　"쌤……. 친구들 좀 데려와도 될까요? 제가 맨날 과학 이야기하니까, 애들이 자꾸 쌤 궁금하대요."

　아이고, 자기가 물어보는 것도 모자라서 이제 친구들 질문까지? 이러다 연구실이 애들로 북적북적해지겠는데? 어떡하나 싶다가 갑자기 좋은 아이디어가 떠올랐어.

　"태민아, 그러지 말고 우리 정식으로 해 보면 어떨까? 과학에 대한 궁금증이 생길 때마다 답해 주기보다……."

　내 말이 채 끝나기도 전에 태민이 얼굴이 확 밝아졌어.

　"좋아요, 무조건 찬성! 그런데 정식이 뭐예요? 암튼 애들 데리고 와도 된다는 거죠?"

　"그래. 두서없이 질문을 받을 게 아니라, 궁금증이나 고민을 받고 해결해 주는 상담소를 차리는 거야."

　태민이는 방방 뛰면서 좋아했어.

　"조수! 앞으로 잘해 보자!"

　내가 손을 내밀자 신났던 태민이가 갑자기 정색하네.

"잠깐만요, 쌤. 모양 빠지게 조수가 뭐예요!"

"조수가 뭐 어때서?"

"제가 쌤이랑 과학 공부한 지도 이 년이에요. 오늘만도 애들 고민 몇 개를 해결해 줬단 말이에요."

아하, 직함이 마음에 안 든다고? 그럴 수 있지.

"그럼, 실장은 어때? 상담 실장! 난 상담소장."

"상담 실장? 오, 뭔가 멋져 보여요!"

태민이와 잘해 보자며 악수했지.

그런데 이번엔 이름이 또 고민이야.

뭐가 좋을까?

"내 이름을 딴 파토 상담소. 아니면 과학적으로 해결해 줄 거니까 과학 상담소도 괜찮고. 상담 실장 생각은 어때?"

"음……. 쌤! 우리 집에는 '아무거나 서랍'이 있는데요. 어디에 두면 좋을지 애매하지만, 중요한 것들을 모아 둬요. 엄마가 만들었는데 엄청 편하고 좋아요."

나는 태민이가 한 말을 생각하며 되뇌었어.

"어디다 물어봐야 할지 애매하지만, 중요한 궁금증……"

그러다 우리 둘이 동시에 외쳤지.
"아무거나 상담소!"

아무거나 상담소의 주인공을 소개합니다!

아무거나 상담소 소장

나는 파토. 사람들이 파토쌤이라고 불러. 모든 문제를 과학적으로 해결하지. 특히 꽁지 머리로 묶고 실험용 안경을 쓰면 뇌가 더 빠르게 도는 것 같아. 그 모습을 보고 괴짜라고 하는데, 억울해. 과학이 얼마나 즐거운 건데!

아무거나 상담소 실장

내 이름은 태민. 요즘 과학에 무척 관심이 많아. 조금 엉뚱하지만, 사람들이 어떤 고민을 하는지, 과학적으로 어떻게 해결할 수 있는지 너무너무 궁금해. 맞아, 난 호기심 대마왕이야! 아, 파토쌤 설명이 길어지면 내가 딴생각한다는 건 비밀이야!

민희

나는 태민이와 같은 반이야. 사람들은 내가 결벽증이 있대. 난 그냥 깨끗한 게 좋을 뿐인데. 만약 집이 더러우면…… 날개 달린 벌레가 퍼덕퍼덕, 다리 많은 벌레가 샤샤샥. 꺅! 생각만으로도 소름 끼쳐!

102호 아저씨

나는 태민이와 같은 아파트에 살아. 이웃사촌이지! 내가 공중도덕 의식이 좀 부족하다는데, 큼, 좀 그럴 수도 있지. 그런데 요즘 누군가 날 지켜보는 것 같아서 찝찝해. 혹시 이러다 벼락 맞는 건 아니겠지?

지수

태민이랑은 2학년 때 같은 반이었어. 친구들이 나를 자꾸 판다라고 놀려. 며칠 잠을 못 자서 눈 밑이 까맣거든. 진짜 너무해. 잠을 못 자는 게 얼마나 괴로운데. 이런 말을 하면 다들 안 믿는데, 우리 집에 귀신이 살아!

모두 사라져 버렸으면 좋겠어!

야심 차게 문을 연 아무거나 상담소!

　파토쌤은 걱정이 됐어. 아침부터 북적일 줄 알았는데 며칠째 너무 조용해. 그냥 태민이 이야기나 들어 줄 걸, 살짝 후회도 했지.

"파토쌤! 제가 손님 데리고 왔어요!"

그때 갑자기 태민이가 들이닥쳤어.

"손님이라니, 여기가 무슨 식당이냐?"

"그러면 뭐라고 해요?"

"상담소니까 의뢰인이라고 해야지."

파토쌤은 태민이 뒤에 주뼛 서 있는 친구를 보고는 깜짝 놀랐어. 그래도 점잖은 척 물었지.

"우리 첫 의뢰인은 무슨 일로 왔어요?"

"아, 제가요……. 진짜 심각한 고민이 있어서요……."

친구의 대답에 파토쌤이 꽁지 머리를 쓰다듬으며 말했어.

"그래, 잘 왔다! 난 파토쌤이란다. 어떤 고민이든 과학으로 해결해 주지! 우리 의뢰인 이름은 뭐니?"

태민이가 친구 대신 대답했어.

"쌤, 아니 소장님! 얘는 제 친구 민희예요. 얘 고민은요……."

파토쌤이 손을 들어 태민이를 멈췄어. 그러고는 민희를 찬찬히 훑어보며 추리력을 발동했어.

'일단 수업이 끝나자마자 가방을 멘 채로 상담소를 찾아온 걸 보면 급한 고민이야. 얼굴빛으로 보아 지금 상당히 위급한 상황인지도!'

하지만 고민의 정체가 뭔지 알 순 없었어.

"그래, 민희야. 일단 앉으렴."

낯설면 무섭고
친근하면 귀여운 것은?

민희는 이상할 정도로 조심스러웠어.

소파에 털썩 주저앉는 태민이와 달리 위아래를 번갈아 살피면서 좀처럼 앉으려 하지 않는 거야.

"천장 안 무너지고 땅 안 꺼진다."

파토쌤의 농담에도 민희는 웃기는커녕 엉뚱한 질문을 했어.

"저…… 청소는 자주 하세요? 혹시…… 바닥에 과자 부스러기 같은 거 없고요?"

이상한 질문에 파토쌤은 당황스러웠지만, 침착하게 대꾸했어. 첫 의뢰인을 그냥 돌려보낼 순 없잖아?

"이 상담소가 너희 집보다 더 깨끗할걸. 여긴 개미 한 마리도 없을……."

"악!!!"

잠깐의 소란이 가라앉고 민희는 겨우 소파에 앉았어.

초등학생이 대체 무슨 일을 겪었는지 얼굴에 걱정이 덕지덕지해. 파토쌤은 핫초코를 너무 뜨겁지 않게 만들어서 건넸어. 첫 의뢰인의 입을 데게 하면 안 되니까! 그렇게 잠시 기다려 주고는 물었지.

"이제 상담소에 온 이유를 알려 줄 수 있을까?"

민희는 핫초코를 마시지도 않고 기어들어 가는 목소리로 말했어.

"버, 벌레 때문에요. 저는 벌레가 너무 무서워요."

"무슨 벌레?"

"다요 다!"

민희 목소리가 커졌어. 그런 거 있잖아, 억울하거나 놀랐을 때 나는 큰 소리.

"대왕만 한 나방이 붕붕붕……! 보자마자 옷이랑 가방만 챙겨서 학교로 도망쳤어요. 이제 다신 집에 못 가요. 벌레는 전부 없어졌으면 좋겠어요!"

그러고는 핫초코를 얼음물처럼 벌컥벌컥 마셨어.

파토쌤은 민희가 좀 진정되기를 기다렸어.

"벌레는 너보다 아주아주 작은데 왜 그렇게 무서워해?"

민희는 당연한 걸 왜 묻느냐는 얼굴로 대답했어.

"다리도 많고 이상하게 생겼잖아요. 갑자기 날아와서 부딪히거나 팔이나 머리에 앉기도 하고!"

"맞아. 그런 이유로 나도 벌레가 좀 싫어. 근데 싫어하는 것과 무서운 건 좀 다르지 않을까?"

사실 민희가 이상한 건 아냐. 싫어하는 마음이 커지면 무서울 수도 있어. 하지만 왜 그렇게 느끼는지 이유는 알아봐야 해. 그래야 고민을 해결할 수 있으니까.

과학적으로!

"그런데 민희야, 나비도 무섭니?"

민희의 얼굴이 조금 부드러워졌어.

"음, 아뇨. 나비는 예뻐요. 하늘하늘 날아다니는 모습도 그렇고……."

파토쌤은 흐뭇하게 웃었어.

"그럼, 우리 셋이 예쁜 나비 보러 갈까?"

어차피 지금은 집에 가기 싫다니까 말이야. 당연히 민희가 고개를 끄덕였어. 지금껏 눈치만 보던 태민이 눈빛도 반짝이기 시작했지. 태민이는 이제 나비 박사야. 파토쌤이 나비 박물관에 자주 데려가서 가르쳐 줬거든.

"태민이가 앞장서 볼래?"

"네, 소장님!"

아는 척을 하느라 신난 태민이는 절로 깍듯해졌어.

"신비한 나비와 나방의 세계로 여러분을 초대합니다!"

박물관 앞에서 파토쌤이 장난스럽게 팔을 펼쳤어.

나방이라는 말에 민희는 화들짝 몸을 움츠렸고, 태민이는 파토쌤을 의심의 눈초리로 흘겼어. 갑자기 나방?

상담 실장이면 눈치가 있어야 해.

파토쌤은 태민이에게 눈짓콧짓을 했어.

박물관에서 가장 먼저 찾아간 곳은 나비 생태관이었어. 여러 가지 식물과 꽃들로 가득하고 일 년 365일 나비들이 날아다니는 큼지막한 온실이지. 형형색색 예쁜 나비들을 보자 민희 얼굴이 밝아졌어.

저 나비는 호랑나비죠?

태민이와 민희가 신기한 눈으로 나비의 우아한 움직임을 좇았어. 그런데 큼지막한 남색 나비가 날아와서는 민희의 손끝에 살포시 앉는 거야! 민희는 꺅 하고 조그맣게 탄성을 질렀어. 예쁜 나비가 자길 찾아 준 것이 좋았거든.

나비 박사 태민이도 덩달아 흥이 났어.

"나비는 대부분 낮에 활동하고, 앉을 때 날개를 세워 접어. 반면 나방은 주로 밤에 활동하고, 앉을 때 날개를 평평하게 펴지. 또 나비의 더듬이는 끝이 둥글지만, 나방은 깃털 모양이야. 몸은 나방이 더 통통하고."

* 열매를 맺는 어떤 식물들은 꽃가루로 번식해. 바람, 곤충, 새 등이 꽃가루를 옮겨 식물의 번식을 돕지. 이렇게 꽃가루가 옮겨지는 과정을 '수분'이라고 불러.

파토쌤이 설명을 보탰어.

"민희는 벌레가 다 싫다고 했지? 하지만 곤충은 지구 생태계에서 흥미롭고 중요한 생명이야. 식물의 수분을 돕고, 흙을 비옥하게 만들고, 다른 동물들의 먹이가 되지. 우리가 살아가는 데 꼭 필요한 존재란다."

민희는 조용히 고개를 끄덕였어.

이제 민희는 집에 돌아갈 수 있게 됐어. 하지만 쉽게 해결될 고민은 아니지. 다음 단계가 필요해. 그것도 역시

과학적으로!

민희의 벌레 공포 상담 일기

나방이 나비의 사촌이라니!

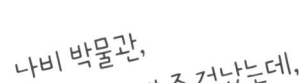

나비 박물관,
나방 얘기에 좀 겁났는데,
생태관에 들어가니까
너무 예뻐서 그런 걱정은 다 사라짐.

나비는 낮, 나방은 밤?

나비
- 낮에 활동해.
- 앉을 때 날개를 접어 세워.
- 더듬이 끝이 동그래.

나방
- 밤에 활동해.
- 날개를 펴고 앉아.
- 더듬이가 깃털 같아.
- 나비보다 몸이 더 통통해.

※ 둘 다 꽃에서 꿀을 먹고, 물지 않아.

천천히 친해지기

나비 박물관에 다녀온 지 일주일이 지났어. 민희의 벌레 공포증은 조금씩 나아지고 있었어. 하지만 곤충 이야기가 나오면 여전히 긴장했고, 밤에 절대 창문을 열지 않아. 그래도 이제는 멀리 있는 벌레를 보고 도망가지는 않았지. 이제 다음 단계로 나아가야 했어.

파토쌤은 숲속 캠핑 계획을 세웠어.

민희 부모님께 캠핑 이유를 설명하자 좋아하셨지. 오히려 태민이가 더 걱정했어.

"캠핑이 정말 도움이 돼요? 민희가 모르고 따라왔다가 벌레를 더 무서워하게 되면 어쩌죠?"

파토쌤은 차근차근 설명했어.

"자연스럽게 벌레들과 마주치는 연습이 필요해. 바로 '단계적 노출 요법'이지. 무서워하는 대상을 조금씩 더 가까이 하면서 불안함을 줄이는 방법이야. 우리가 옆에서 잘 도와줘야지."

차가 숲길로 들어서면서 민희는 점점 말이 없어졌어. 창밖으로 울창한 숲이 펼쳐지자 더 불안해 보였지.

캠핑장에 도착했을 때 민희가 긴장한 듯 물었어.

"여기 벌레 많이 있겠죠?"

파토쌤은 일부러 더 명랑하게 대꾸했어.

"벌레도 있겠지만 그보다 나무가 더 많지. 맑은 공기와 햇살도 있고. 혹시 불편하면 언제든 말해."

뚝딱뚝딱 텐트를 치고 나서 태민이와 민희는 주변을 탐험하기 시작했어. 민희는 풀숲만 봐도 놀랐어. 산들바람이 불면 풀 사이에서 무언가 움직이는 것 같았거든. 그래도 시간이 지나면서 조금씩 용기가 났어. 파토쌤이 알려 주는 나무와 풀이름에 숨겨진 이야기도 재미있었고!

호기심 가득한 눈으로 이곳저곳을 살펴보는데 태민이가 갑자기 소리쳤어.

"저기 봐, 민희야! 무당벌레가 있어!"

저녁이 되자 캠프파이어를 했어. 모닥불에 구운 마시멜로는 정말 꿀맛이었어.

하늘에는 별이 총총! 한껏 기분이 좋아져서 재잘재잘 이야기를 나누던 때였어.

큰 나방 한 마리가 날아와 텐트 바로 옆, 작은 나무에 앉는 거야.

"악!"

민희가 소리를 질렀어. 하지만 이번에는 사뭇 달랐어. 최대 강적을 보고도 도망가지 않는 거야. 민희는 눈을 감고 심호흡하며 자신에게 말하듯 중얼거렸어.

"괜찮아……. 이건 그냥 나방일 뿐이야. 나비의 사촌이라고. 조금 다르게 생겼을 뿐이야."

나방 소동은 금방 끝났지만 정말 궁금했어.

왜 벌레는 불편할까?

파토쌤이 나설 차례였지.

"옛날에 찰스 다윈이라는 과학자가 있었어."

민희가 아는 체를 했어.

"진화론을 주장한 흰 수염 할아버지! 위인전 읽었어요."

태민이도 질 수 없었어.

"《종의 기원》이란 책을 썼어요."

똑똑한 아이들 대답에 파토쌤이 깜짝 놀랐어.

"내용도 알고 있는 거야?"

파토쌤 질문에 갑자기 둘 다 딴청을 피우기 시작했어. 파토쌤이 그럼 그렇지, 하고 웃었더니 어쩐지 멋쩍은 태민이가 큰소리치는 거야.

"어린이한테 그런 걸 묻는 건 예의가 아니라고요!"

어이쿠! 이건 파토쌤이 눈치가 없었던 거지. 하지만 파토쌤은 무지무지 아는 게 많은 과학 작가잖아?

"처음 생물이 생겨난 뒤로 긴 시간이 지나면서 동물의 역사에서 아주 중요한 일이 생겨. 바로 척추동물이 출현한 거야. 여기서 문제! 척추동물 하면 어떤 동물이 떠오르니?"

이번엔 태민이가 먼저 대답했어.

"사람! 등뼈가 있으니까 척추동물 맞죠?"

"맞아, 또?"

"강아지랑 고양이, 너구리도요."

또 태민이가 대답했어. 민희는 등뼈가 있는 동물에 뭐가 있을까 고민하다 떠올렸어.

"생선이요. 아니, 갈치랑 고등어요!"

엄마가 등뼈 바르는 게 귀찮다고 했던 말이 기억났거든. 그것도 정답!

우리 주변에 보이는 꽤 많은 동물들이 척추동물에 속해.

파토쌤이 민희 얼굴을 보면서 물었어.

"그런데 숫자로만 따지면 척추동물이 아닌 동물이 훨씬 더 많아. 예를 들어서 바로……."

민희가 눈을 동그랗게 뜨고 화들짝 소리쳤어.

"벌레!! 맞아요?"

"맞아! 벌레, 곤충은 몸 안에 뼈가 없어. 대신 몸 바깥의 단단한 부분이 일종의 뼈야."

태민이가 중얼거렸어.

"뼈가 몸 밖에 나와 있다니, 해골처럼 무서운 게 당연하네."

민희는 태민이 말을 듣고 새로운 사실을 깨달았어.

"그렇다면 제가 벌레를 싫어하는 것도 당연한 거예요?"

파토쌤이 민희의 머리를 쓰다듬었어.

"반만 맞아. 사람들이 벌레를 싫어하는 데는 여러 이유가 있지만, 진화를 거치면서 얻은 본능적인 불편함이 가장 커."

왜 반만 맞다고 했을까? 파토쌤이 다시 질문했어.

"벌레 말고, 팔다리가 네 개보다 많은 동물에는 뭐가 있을까?"

민희는 또 집에서 먹었던 것들이 떠올랐어.

"새우, 게…… 뭐 그런 것들이요?"

"맞아! 그럼 새우나 게가 무서우니?"

"아뇨? 맛있어요! 제가 제일 좋아하는 게 대게인걸요."

파토쌤은 고개를 갸웃거렸어.

"새우나 게도 다리도 많고 생김이 곤충과 비슷한데 왜 안 무서워?"

"그야 맛있으니까……."

옳지! 파토쌤이 짓궂은 웃음을 띠며 물었어.

"그럼 큼지막한 곤충도 맛있게 요리하면 잘 먹겠네?"

"아니, 아니에요! 안 먹어요!"

파토쌤은 마침 민희에게 해 줄 재미있는 이야기가 생각났지.

영국의 관광객이 아프리카의 한 마을에 갔을 때의 일이야.

영국인이 다시 그 마을을 방문했을 때의 일이야.

이런 괴물을 어떻게 먹어?

소름 끼치게 생겼어

태민이는 설마, 하는 마음으로 물었어.

"원주민이 가재를 무서워한 건 처음 보는 동물이라서 그랬던 걸까요?"

"바로 그거야. 문화의 차이가 생각의 차이를 만들어. 사실은 비슷하게 생긴 동물이라도 내가 평소에 알던 것과 다르면 일단 의심부터 들고, 모르는 것은 조심할 수밖에 없지."

민희가 고개를 끄덕였어.

"듣고 보니 신기해요. 생각해 보면 대게가 거미보다 훨씬 더 크니까 징그럽고 무서울 수 있겠네요."

"그래. 어떤 대상을 무서워하는 데는 여러 이유가 있겠지만, 결국 두려움은 우리 머릿속에서 결정되는 거란다."

민희는 끝까지 바꾸고 싶지 않은 생각이 떠올랐어.

"그래도 바퀴벌레랑 벌은 싫어요. 바퀴벌레는 병균을 옮기고, 벌은 쏘이면 아프잖아요."

파토쌤도 순순히 인정했어.

"그건 그렇지. 벌레는 축축해서 곰팡이가 핀 곳이나 먼지가 많은 곳을 좋아하니까. 벌레가 직접 병균을 옮기기도 하지만 그런 공간은 우리 몸에도 좋지 않아. 말벌은 특히 위험하지."

딴짓하던 태민이가 하늘을 올려다보며 뜬금없이 소란을 피우기 시작했어.

다음 날 아침, 민희가 제일 먼저 일어났어. 조심조심 기지개를 켜는데, 나뭇가지 사이로 아침 이슬에 젖은 거미줄이 반짝!

"와, 정말 예쁘다. 전에는 볼 생각도 못 했는데."

텐트 밖으로 나오려던 파토쌤은 저절로 미소가 지어졌어.

'이번 캠핑 완전 성공! 어쩌면 벌레 공포증 극복을 넘어 자연과 생명에 대해 새롭게 눈을 떴을지도 몰라!'

파토쌤 혼자 김칫국을 들이켰어. 그러고는 조용히 다시 들어가 배를 긁으며 자는 태민이를 깨웠어.

집으로 돌아가는 길엔 각자 생각이 많았어.

민희는 스스로가 대견했고, 태민이는 상담 일지 쓰는 게 고민이었어. 파토쌤은 사실…… 어젯밤부터 냉장고에 있는 간장게장이 자꾸 생각났어. 자면서도 군침을 흘렸다니까.

물론 '아무거나 상담소'가 앞으로 만나게 될 고민과 모험들이 아주아주 기대됐어.

상담 실장의 벌레 공포 상담 일지

무섭다면 친해져 보자!

첫날 : 아무거나 상담소 → 나비 박물관

민희가 큰 나방이 무서워 집에서 도망쳤대요.
상담소에 데려오니 파토쌤이 나비 박물관에 가자고 하셨어요.
긴장하던 민희는 소장님의 설명에 점점 마음이 편해졌어요.

1. 무서워하던 나방의 실제 모습을 알아봤어요.
2. 곤충이 자연에서 하는 역할을 알게 됐어요.

1주일 후 : 숲속 캠핑

숲속 캠핑을 통해 '단계적 노출 요법'을 거쳤어요.

숲 탐험 → 무당벌레 만져 보기 → 나방에 대한 두려움 이겨 내기
→ 곤충과 진화에 대해 배우기 → 새로운 마음으로 거미줄 바라보기

1. 곤충과 천천히 친해졌어요.
2. 두려움을 느끼는 이유를 깨달았어요.

어른도 벼락을 무서워한다고?

파토쌤은 실험용 고글을 닦으며 중얼거렸어.

"비 오는 날은 차분하게 연구하기 딱 좋은 날이……."

우르릉 쾅쾅!

"으악!"

바깥에서 누군가 비명을 질렀어.

파토쌤은 놀라 급하게 창문을 열어젖혔어.

와다다 비바람이 얼굴을 때렸지.

"어푸푸!"

파토쌤은 얼른 창문을 반쯤 닫으며 휘휘 살폈어.

벚나무 가지에 걸린 빨간 우산이 먼저 보였어.

바람결에 맞춰 펄럭펄럭 춤을 추고 있었거든.

그 아래에 노란 점퍼 차림으로 어떤 사람이 웅크린 채 벌벌 떨고 있지 뭐야.

파토쌤은 발을 동동거렸어.

"119에 전화부터? 일단 나가서 확인부터 해야겠지?"

파토쌤 가슴이 콩닥콩닥 뛰기 시작했어.

1분에 100번은 뛰는 것 같았다니까.

재빨리 우비를 걸치고 현관문을 여는데, 누군가 밖에서도 문을 벌컥 당기는 거야.

"어이쿠!"

파토쌤은 넘어질 뻔하다 겨우 중심을 잡았어.

범인은 상담 실장 태민이었어.

"쌤! 어디 가세요?"

해맑은 태민이 목소리에 잔소리가 쑥 들어갔어. 지금 그게 문제가 아니었어. 밖에 있는 환자가 급했으니까.

바로 그때였어.

"저기, 실례 좀……."

태민이 뒤에서 노란 점퍼를 입은 아저씨가 불쑥 모습을 드러냈어.

파토쌤은 저도 모르게 소리쳤어.

"노, 노란 점퍼! 아저씨가 왜 거기서 나와요?"

자초지종은 이랬어.

모두에게 잠깐 평화가
찾아오는 듯했어.
그때였어.
빛이 번쩍!

하고 천둥소리가 또 크게 울렸어.

아저씨도 비명을 질렀어. 그러더니 바들바들 떨면서 잽싸게 파토쌤 등 뒤로 숨는 거야! 파토쌤은 황당해서 옴짝도 못했어.

"와! 아저씨 진짜 겁 많다. 혹시 지은 죄가 많아서 벼락 맞을까 봐 그러세요?"

태민이의 말에 파토쌤이 어깨를 찰싹 때렸어.

"악! 농담이에요."

놀란 사람을 놀리다니, 맞을 짓을 했지만 아주 조금은 진담이었어. 태민이는 본 적이 있거든. 102호 아저씨의 수상쩍고 못된 행동들 말이야. 그래서 전부터 조금 벼르고 있었어. 마침 그동안의 아저씨 모습이 오늘 생각난 거지.

파토쌤이 아저씨를 달랬어.

"집 안에 있는데 무슨 걱정이에요? 설마 여기에 벼락이 치겠어요?"

말하기가 무섭게 **콰쾅!**

또 천둥이 쳤어.

"으악!"

아저씨는 좁은 소파 틈새로 머리부터 숨겼어.

다 숨기지 못한 볼록한 엉덩이가 천둥을 따라 씰룩거렸지.

파토쌤은 어이가 없어서 자기 이마를 탁, 쳤어.

태민이는 웃음을 참느라 입꼬리가 씰룩였어.

"아저씨, 그러다 똥 싸겠어요."

태민이 놀림이 마치 주문이라도 된 것처럼,

뽀~오옹!

아저씨는 긴장한 나머지 방귀를 뀌고 말았어.

태민이가 코를 쥐고 후닥닥 뒤로 물러났어.

파토쌤은 태민이를 혼낼 정신도 없었어.

아저씨 셔츠 자락을 잡아당기며 낑낑댔지.

"제발 나오세요. 아무리 벼락이 쳐도 집 안에 있으면 안전하다니까요."

벼락은 과학입니다

겨우 달래서 나온 아저씨는 계속 안절부절, 눈치를 봤어. 꼭 숨을 곳을 찾는 것 같았지.

파토쌤이 벌떡 일어났어. 아주 적당한 과학 실험이 생각났거든.

"벼락을 너무 무서워하시니 제가 알려 드릴게요. 아주 과학적으로!"

아저씨가 화들짝 놀라며 물었어.

"과, 과학이요?"

파토쌤이 이상한 기구를 꺼내며 설명했어.

"벼락이 전기라는 건 아시죠? 이건 정전기를 만드는 발전기예요."

발전기라기에는 엄청 단순한 것이, 손잡이 달린 쇠공 모양이었어.

파토쌤이 스위치를 켜고 아저씨를 불렀지.

"쇠공에 손을 올려 보실래요?"

아저씨는 앞머리가 쭈뼛 서는 기분이었어.

"전기 들어오는 걸 맨손으로? 이……, 이거 위험하지 않나?"

아저씨는 뒷걸음질을 치며 중얼거렸어.

"아니 나, 난 구경하는 게 좋아."

전기가 얼마나 위험한지, 귀 딱지 위에 또 딱지가 앉을 만큼 들었거든.

눈을 반짝이던 태민이가 참지 못하고 소리쳤어.

"저요! 제가 먼저 해 볼래요!"

파토쌤은 태민이와 먼저 시범을 보이기로 했어.

"그럼 셋을 세고 동시에 할까?"

하나! 둘! 셋!

파토쌤과 태민이가 동시에 쇠공에 손을 올렸어.

아저씨는 화들짝 놀라 책꽂이 옆에 바짝 붙었지.

곧 아주 신기한 일이 벌어졌어. 두 사람의 머리카락이 나풀나풀 춤을 추더니 사방으로 바짝 서는 거야.

"푸하하!"

아저씨는 웃음보가 터졌어.

사자 갈기처럼 뻗친 머리가 너무 웃겼거든.

파토쌤 머리가 웃겨요!

아저씨는 한참을 웃다 보니 두려움이 한 발짝 물러났어. 갑자기 궁금해지는 거야.

"그런데 정전기랑 벼락이 무슨 관련이 있지?"

파토쌤이 대답했어.

"벼락이 마찰로 생기는 거니까요. 구름 속에서도 비슷한 일이 일어나요."

파토쌤은 고글을 슬쩍 올리며 큼큼, 헛기침을 두 번 했어. 설명을 길게 하기 전 파토쌤만의 습관이야.

태민이는 뒤로 주춤 물러나며 속으로 외쳤어.

'제발, 설명 멈춰!'

구름 속에서 물방울과 얼음 입자들이 부딪혀 마찰이 발생하죠.

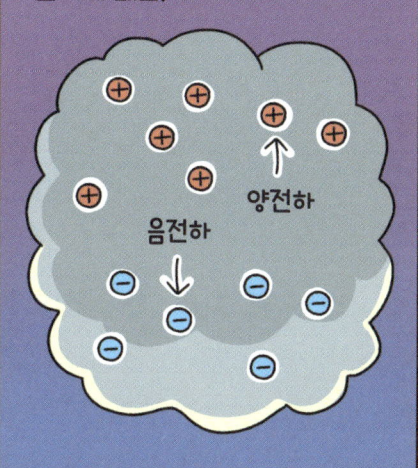

그 과정에서 구름 상부에는 주로 *양전하가, 하부에는 *음전하가 모이게 돼요.

구름 아래쪽 음전하에 끌려 지면에는 양전하가 모이게 돼요. 이때 구름 안에는 1억 볼트에 달하는 전압이 형성되죠.

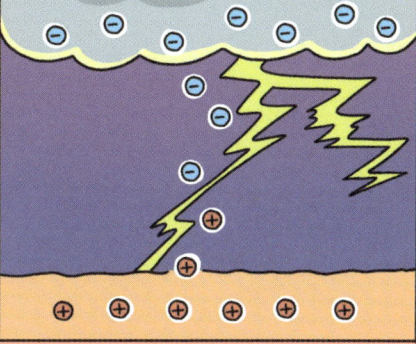

구름에서 음전하를 띤 통로가 지면으로 뻗어 나가고, 지면에서 양전하를 띤 통로가 대기 중으로 올라오다가 만나면 강력한 전류가 흐르게 돼요. 이 전류가 바로 번개예요.

* 물체가 띠고 있는 정전기의 양을 '전하'라고 불러요. 양전하는 양(+)의 전기를 띤 전하이고, 음전하는 음(-)의 전기를 띤 전하예요. 양전하와 음전하는 서로 가까워지려는 성질을 지녀요.

집으로 돌아가기 좋을 만큼 비가 잦아들었어.

파토쌤 차를 타고 막 출발하려는데, 멀리 하늘이 번쩍하며 빛났어.

아저씨는 문짝 손잡이를 꼭 붙들었어. 손에 식은땀이 차서 바지에 손바닥을 문질렀다가 다시 손잡이를 붙들었지.

아저씨가 겁에 질린 목소리로 입을 열었어.

"어느 날부터 벼락이 치는데 갑자기 몸이 벌벌 떨리고

식은땀이 나는 거예요.

그 뒤로 쭉 벼락 치는 날이 무섭더라고요. 갑작스러운 큰 소리나 옆 사람 말에도 깜짝 놀라게 됐어요."

아저씨의 말에 태민이는 속으로 생각했어.

'맙소사! 진짜 심각하잖아!'

어른이 겁쟁이라니 조금 놀려 주고 싶었거든. 어른이라고 꼭 용감해야 하는 것도 아닌데 말이야.

고민을 털어놓고 후련해진 아저씨는 다른 고민도 털어놨어.

"혹시, 차 안에 있다가 벼락을 맞는 일도 생기나요?"

"아니요!"

"절대!"

파토쌤과 태민이가 동시에 외쳤어.

아저씨는 혼란스러웠어.

"전기는 쇠를 좋아하고, 자동차도 쇠잖아요? 그런데 왜?"

어쩌면 당연한 질문이야. 이런 질문은 파토쌤 전문이지.

"차도 벼락에 맞을 수 있지만, 전기는 금속을 좋아하잖

아요. 차 안에는 플라스틱, 가죽, 천 같은 것들이 내부를 꽁꽁 감싸고 있어요. 그래서 전기는 금속인 차 바깥만 타고 흐르다가 땅으로 분산돼요. 차 안에 탄 사람에게는 아무 영향이 없고요. 이걸 '패러데이의 새장 효과'라고 해요."

"그러면 다행이고요! 파토쌤은 정말 척척박사님이시구나!"

아저씨가 안도하자 태민이가 뻐기듯 대꾸했어.

"맞아요. 궁금한 거 있으면 뭐든 쌤한테 물어보세요!"

마치 자기가 칭찬을 받은 것처럼 우쭐했지.

한편 태민이, 102호 아저씨와 헤어진 파토쌤은 어쩐지 찜찜한 기분이 들었어. 왜일까? 어쩐지 귀찮은 일이 벌어질 것 같단 말이지…….

102호 아저씨의 벼락 공포 상담 일기

 BUDL BUDL ...

♥ 2   💬

벼락 치는 날 우연히 가게 된 아무거나 상담소?
얼떨결에 한참을 있었다.

머리가 쭈뼛 서는 이상한 실험에 엄청나게 웃었다.
벼락이 무서워서 숨기만 했는데
이유를 알아 가는 것만으로 안심이 됐다.
작은 용기가 생겼다.

정말 무서워해야 할까?

따르릉!

파토쌤은 화면에 뜬 이름을 확인하고는 비명을 질렀어.

"제발, 그만!"

그러고는 책상에 엎어져 축 늘어졌어. 마침 상담소로 들어온 태민이가 놀라 달려왔어.

"쌤! 무슨 일이에요?"

태민이는 파토쌤 얼굴을 보자마자 오두방정을 떨었어.

"악! 얼굴이 왜 그래요? 실험하다 뭔가 폭발했어요? 아닌데? 혹시 무서운 병에 걸린 거예요? 병원 갈까요?"

"아냐, 그런 거 아냐."

파토쌤은 기운 없이 대답했어.

"그럼 무슨 일인데요? 며칠 만에 어쩌다 이렇게 늙었어요?"

늙다니! 아직 청춘인데!

눈 밑 그늘이 턱까지 내려온 파토쌤이 울컥하고 말았어.
"너 때문이잖아!"

그날 왜 찜찜한 기분이 들었는지 이제야 알겠는 거지.

뭐든 궁금하면 물어보라던 태민이 말을 아저씨가 너무 너무 잘 따른 거야. 시도 때도 없이 걸려 오는 전화 때문에 파토쌤은 폭발 직전이었어.

아저씨가 이렇게 적극적일 줄이야, 태민이는 뜨끔했어.

마침 또 전화벨이 울렸어.

파토쌤이 머리를 쥐어뜯으며 소리쳤어.

태민이는 재빨리 머리를 굴렸어.

'쌤 휴대폰을 변기에 넣어 고장 낼까? 아냐, 번개가 덜 무서워지는 약을 만들어 달라고 하자. 아, 그건 어렵겠지? 쌤이 갑자기 바보가 됐다고 아저씨한테 거짓말하는 게 빠를까?'

왜 자꾸 뚱딴지같은 생각만 떠오르는지 몰라.

그때 파토쌤이 손가락을 딱 튕겼어.

"왜 그 생각을 못 했지? 아저씨가 무서워할 만한 것을 다 조사해서 미리 알려 주는 거야!"

드디어 파토쌤과 태민이, 102호 아저씨가 연구실에 마주 앉았어. 파토쌤이 자신 있게 동네 지도를 쫙 펼쳤지. 그러고는 태민이 쪽으로 손바닥을 내밀었어.

"상담 실장!"

"네! 소장님."

파토쌤 손바닥에 태민이가 파란색과 빨간색 펜 두 개를 척 올려놨어.

"그것도 준비됐겠지?"

"바로 보여 드리겠습니다."

이번엔 빨강, 파랑 스티커를 꺼냈어. 아주 둘이 쿵! 하면 짝! 이었지.

파토쌤은 빨간 스티커를 나눠 주며 말했어.

"지도에 안전한 곳과 위험한 곳을 표시해 볼 거예요. 우선 위험한 곳으로는 어떤 장소가 있을까요?"

아저씨가 어리둥절한 사이 태민이가 먼저 빨간 스티커 하나를 붙였어.

"무조건 골프장이요!"

태민이 말에 아저씨가 맞장구쳤어.

"그래, 키 큰 나무들이 있는 공원도 그렇겠다."

선수를 뺏길까 봐 아저씨는 얼른 뒷산 철탑에다 스티커를 붙였어.

"이제 잘 아시네요. 높은 전신주 근처도 위험하죠."

파토쌤 칭찬에 아저씨는 자신감이 생겼어.

"우리 집 옆 공터에 철 지지대가 있던데, 그것도 위험하겠죠?"

"네, 거기도 표시해 두죠."

태민이와 아저씨는 경쟁하듯 신나게 빨간 스티커를 붙였어. 파토쌤은 두 사람이 빼먹은 야구장과 운동장 조명탑에 붉은 동그라미를 그렸어.

그럼 안전한 곳은 어딜까?

파토쌤이 제일 먼저 상담소에 파란 동그라미를 그렸어.

"우리가 있는 이곳은 안전하니까 파란색! 또 어디가 안전할까요?"

이번엔 아저씨가 빨랐어.

"지하철역! 전에 파토쌤이 알려 줘서 알죠."

"저도 알아요. 지하라서 안전하죠?"

"그래. 큰 건물은 다 안전해."

동네 높은 건물과 학교, 마트에 파란 스티커를 붙였어.

점점 파란 스티커가 늘어났고, 마침내 지도가 완성됐어.

파토쌤과 태민이가 몰래 눈빛을 주고받았어. 숙제를 끝낸 후련한 얼굴이었어.

"그러니까 이제 아저씨가 동네에서 벼락 맞을 일은 없어요."

"맞아요! 빨간 곳만 쏙쏙 피해 가면 아저씨는 천 살까지 사실 거예요."

태민이의 엉뚱한 대답에 아저씨는 웃고 말았어.

한결 가벼워진 편안한 미소였어.

아저씨는 궁금해졌어.

"그런데요. 아무리 조심해도 벼락을 맞는 사람도 있잖아요? 확률이 얼마나 될까요?"

정말로 벼락에 맞을 확률은 얼마나 될까?

마침 파토쌤이 과학 다음으로 좋아하는 게 수학이야. 머릿속으로 계산하며 파토쌤이 대답했어.

"통계적으로 10년간 우리나라에서 20명 정도가 번개에 맞으니까 일 년에 평균 2명인 셈이지. 인구가 대략 5천만 명이라고 하면……."

2,500만분의 1!

로또 1등 당첨 확률보다 3배나 낮아!

드디어 아저씨가 활짝 웃었어. 로또라면 5등도 당첨된 적이 없거든. 벼락은 절대 안 맞을 것 같아.

덩달아 파토쌤도 재미있는 퀴즈를 냈어.

"벼락 맞은 사람 중에 80퍼센트가 남자래요. 왜 그럴까요?"

태민이가 긴가민가 고민하며 대답했어.

"정답! 지구에 남자가 훨씬 많아서?"

"땡!"

"정답! 남자들이 천둥의 신 토르한테 시비를 걸어서?"

"땡!"

그때 아저씨가 조심스레 말했어.

"음……. 남자들이 나쁜 짓을 더 많이 해서일까요?"

태민이가 웃음을 터뜨렸어.

"하하! 아저씨, 평소에 나쁜 짓 했던 게 마음에 걸리셨나 보네요!"

파토쌤이 태민이를 따라 웃으며 말했어.

"하하하……! 아니에요. 남자들이 야외 활동을 더 많이 하기 때문이에요."

벼락 치는 날에 바깥을 돌아다니는 게 문제였어.

드디어 평화가 찾아왔어.

"으아! 좋다!"

오랜만에 파토쌤은 소파에 누워 이리 뒹굴, 저리 뒹굴!

그런데 뭔가 이상했어.

이 편안하고, 여유롭고, 조용한 느낌이 낯설었어.

'뭐지?'

분명 좋았는데…… 마냥 좋지 않았어.

"찜찜해. 아주 찜찜해!"

"뭐가요?"

태민이가 게슴츠레한 눈으로 다시 물었지.

"혹시 똥 누고 안 닦았어요?"

"내가 너냐?"

"저도 두 번밖에 안 그랬어요!"

"똥 이야기 그만! 그런데 진짜 두 번이나 그랬다고?"

맞다 아니다 대답 없이 태민이는 낄낄대기만 했어.

한바탕 소란에 파토쌤은 드디어 깨달았어.

"맞아! 너무 조용해서 이상했던 거야."

귀찮았던 아저씨 전화가 뚝 끊기자 이제 좀 허전했어.

시무룩한 파토쌤 모습에 태민이는 마침 좋은 생각이 떠올랐어.

"쌤! 정말 잘 해결된 건지 살펴봐야 하지 않을까요? 끝까지 책임지는, 찾아가는 서비스!"

둘은 몰래 아저씨를 지켜보기로 했어.

아저씨는 어제 하루가 아주 이상했어. 어디를 갈 때마다 뒤통수가 따끔따끔, 꼭 누군가가 지켜보는 느낌이었어.

오늘도 아저씨는 착한 일을 하는 중인가 봐. 분리수거장 지붕에 있는 녹슨 피뢰침을 보더니, 당장 관리 사무소에 점검해 달라고 부탁하는 거 있지.

태민이가 불쑥 튀어나오며 말을 걸었어.

"이제 못된 짓 말고 착한 일 하시는 거예요?"

숨어 있던 파토쌤도 손뼉을 치며 나왔어.

"훌륭하세요! 피뢰침도 점검하고……. 그새 안전 전문가가 되셨네요."

태민이가 호들갑을 떨며 말했어.

"102호 아저씨, 드디어 공포 완전 극복?!"

아저씨가 몸서리를 치며 대답했어.

"아니, 어제부터 왜 그렇게 수상쩍게 따라다니는 거예요. 인제 벼락 안 무서우니까 쌤도 그만 따라다니세요!"

머쓱해진 파토쌤과 태민이는 못 들은 척했어. 들킨 게 중요한가? 덕분에 아저씨의 좋아진 모습을 보게 됐는걸. 두 번째 상담도 성공적으로 마무리되어 다행이야.

상담 실장의 벼락 공포 상담 일지

무서워해도 과학적으로 무서워하자!

첫날 : 옆집 아저씨의 아무거나 상담소 방문

벼락이 무섭다며 길에서 떨고 있는 아저씨를 모시고 왔어요.
지은 죄가 많아서 무서워하냐고 놀리긴 했지만, 아저씨 상태가 심각한
것 같았어요. 실험을 하며 번개에 대해 자세히 알아보았어요.

1. 정전기 실험으로 번개의 원리를 이해했어요.
2. 자동차에 작은 벼락이 떨어질 때 생기는 '패러데이 새장 효과'
에 대해 알아봤어요.

둘째 날 : 동네 안전 지도 작성
파도쌤, 아저씨와 함께 동네 안전 지도를 만들었어요.

1. 벼락으로부터 안전한 곳, 위험한 곳을 살피며 동네 안전 지도를 제작했어요.
2. 벼락에 맞을 확률이 아주 낮다는 걸 계산해서 아저씨의 불안감을 줄여 드렸어요.

*의외의 수확
의뢰인을 먼저 찾아 나서야겠다는 생각이 들었어요.
다른 사람에게 쉽게 털어놓지 못하는 고민도 많으니까요.
참! 아저씨는 이제 절대로 쓰레기를 길가에 버리지 않는대요!

우리 집에 귀신이 살아요!

똑 딱 똑 딱

시곗바늘 소리만 들리는 한밤중,

끼이이익!

누군가 방문을 여는 소리가 들렸어.

지수는 얼른 이불을 뒤집어쓰고 귀를 막았어.

물에 빠진 것처럼 숨이 가빠 오며 가슴이 쿵쿵!

'오……, 오지 마!'

지수는 꼼짝도 할 수가 없었어.

우우우, 쿵쿵쿵.

귀를 막아도 소리가 자꾸 들려왔어.

'아, 아니야, 아무것도 아닐 거야.'

겨우 용기를 내어 눈까지만 슬쩍 이불을 내리는데

옷장 옆 하얀 무언가가 흔들흔들.

"귀신이야!"

지수는 비명을 지르고 말았어.

다음날, 파토쌤은 산책을 하다 태민이를 발견했어. 태민이는 위층 사는 지수와 이야기 중이었어.

"오래간만에 장난 좀 쳐 볼까?"

파토쌤은 살금살금 등 뒤로 다가갔지.

"왁!"

"으악!"

둘이 얼마나 크게 비명을 지르던지, 파토쌤도 덩달아 놀랄 지경이었어. 좀 어이가 없어 물었어.

"귀신 본 것처럼 왜 그렇게 놀라?"

"전…… 진짜 봤어요."

지수의 말에 태민이 얼굴도 심각해졌어.

"지수 집에 귀신이 있대요!"

뭐? 파토쌤 입이 떡 벌어졌어.

"정말 귀신을 봤다고?"

지수는 거짓말쟁이로 오해 받는 것 같아 억울했어.

"흐잉, 진짜예요. 밤마다 이상한 소리가 나서 잠도 제대로 못 잤단 말이에요. 어제는 귀신도 봤다고요."

정말 며칠을 못 잔 것처럼 지수 얼굴이 핼쑥했어.

태민이도 맞장구치듯이 고개를 끄덕였어.

파토쌤은 지수에게 귀신이 어떻게 생겼느냐고 물었지. 지수는 목소리까지 덜덜 떨었어.

"무서워서⋯⋯ 똑바로 못 봤어요."

귀신이라고? 이 문제도 파토쌤 전문이지!

파토쌤이 꽁지 머리를 쓸며 좋은 생각을 떠올렸어.

"그럼, 지수 집에 나타난 귀신을 수사해 볼까?"

잘못 들었나 싶어 지수가 되물었어.

"귀신을 수사한다고요?"

파토쌤이 자신만만하게 앞장섰어.

"귀신도 과학 수사로 해결할 수 있지. 공포 탐정단 대원들, 출동!"

소리와 그림자의 과학

해가 지고, 공포 탐정단은 지수 집에 모였어.

"자, 이제부터 과학 수사를 시작해 볼까?"

파토쌤이 고글을 썼어.

열화상 카메라를 켜자 차가운 곳에는 푸른색, 따뜻한 곳에는 붉은색이 나타났어. 창문 틈새로 들어온 바람에 붉었던 곳이 점점 연두색으로 변하고 있을 때였어.

쾅! 갑자기 큰 소리를 내며 방문이 닫혔어.

"바, 방금…… 뭐예요?"

지수가 후다닥 파토쌤 뒤로 숨었어. 그 바람에 파토쌤은 비싼 열화상 카메라를 떨어뜨릴 뻔했지, 뭐야.

파토쌤이 연두색으로 변한 부분을 가리켰어.

"여길 봐. 창문 틈 차가운 공기가 따뜻한 공기를 밀어내면서 색깔이 변했지? 그럼 따뜻한 공기는 어디로 갔을까?"

상담 실장답게 태민이는 눈치가 빨랐어.

"아, 밀려난 공기가 움직여서 문을 닫은 거예요?"

"정확해! 방 안의 기압이 높아져서 문을 민 거야."

파토쌤 설명에 지수는 얼굴이 빨개졌어.

"귀신이 아니라 그냥 바람이라고요?"

"지금부터 귀신의 비밀을 밝혀 볼 거야!"

파토쌤은 방안 구석구석, 챙겨 온 조명을 켰어.

태민이는 이해가 안 됐어.

"쌤, 귀신은 어두워야 나오는 거 아니에요?"

"그렇지! 아주 밝았다가 갑자기 캄캄해지면 어떻게 될까?"

파토쌤은 모든 불을 껐어.

처음엔 아무것도 안 보이다가 점점 어둠에 익숙해져 희미하게 주위가 보이기 시작했어.

그때였어.

"어, 저게 뭐죠?"

태민이가 한쪽 구석을 가리켰어.

흐릿하고 이상한 생김새의 뭔가가 흔들흔들.

무심코 돌아본 지수가 비명을 질렀어.

"꺅!"

그러고는 눈을 감고 손가락으로 방향을 가리켰어.

"제가 봤던 그 귀신이에요!"

파토쌤이 유령처럼 슬쩍 창가로 움직였어. 그러자 순식간에 귀신이 사라지는 거 있지!

지수는 주변을 두리번거리며 몸을 털었어. 혹시 귀신이 자기한테 들러붙었을까 봐 무서웠거든.

"어, 어디 갔지?"

 # 나는 공포 탐정! 귀신의 정체를 알려 주지!

지수는 드디어 귀신의 정체를 깨달았어.

"아! 그래서 불을 켜면 저 귀신, 아니 흔들리는 그림자가 감쪽같이 사라졌던 거군요!"

태민이가 맞장구를 쳤어.

"그러네. 방 안 불빛보다 가로등 불빛이 훨씬 약하니까."

파토쌤이 다시 전등을 켜면서 말했어.

"거울에 반사된 나무 그림자가 흐릿해서 어쩐지 귀신처럼 보였던 거야. 이런 게 바로 재미있는 빛의 과학이지."

지수는 시무룩해졌어.

"내가 그림자 때문에 잠도 못 잤다니……."

파토쌤이 고글을 닦으며 설명하기 시작했어.

"사소한 소리도 밤에는 더 무섭게 느껴지곤 해. 우리 뇌는 어두울 때 더 긴장하거든. 이건 뇌에 새겨진 본능이야."

태민이가 귀를 쫑긋 세웠어.

"왜 그런 본능이 생겼는데요?"

"아주 오래전, 어둠은 곧 죽음과도 같았어."

원시 시대엔 불이 아주 귀했어. 어둠은 공포를 불러일으켰지.

캄캄한 어둠을 틈타 호랑이나 뱀 같은 동물이 나타날 수 있잖아. 적이 숨어 있다 나올지도 모르고. 보이지 않는 낭떠러지를 만날 수도 있었지.

지수도 다치거나 무서운 건 딱 질색이었어.

"전 무조건 조심할 거예요."

"그렇지! 결국 지수처럼 조심한 사람들이 더 많이 살아남았고, 그 '위험 주의' 유전자가 전해 온 거야."

파토쌤 말을 되새기다 지수는 궁금해졌어.

"그런데 호랑이는 왜 밤에 나타나요? 밤에 잠을 안 자요?"

태민이가 얼른 파토쌤 대신 나섰어.

"고양잇과 동물들은 야행성이거든. 그래서 밤에 주로 활동해."

파토쌤은 태민이가 대견한 듯 고개를 끄덕였어.

"그렇지. 고양이의 야간 시력은 사람에 비해 6배에서 8배는 더 좋아. 올빼미는 최고 100배에 달하지."

주로 활동하는 시간이 낮이냐 밤이냐에 따라 야행성과 주행성으로 나뉘어. 인간은 주행성에 속하고.

지수는 호기심이 생겼어.

"전 왜 그림자를 보고 귀신이나 사람이라고만 생각했을까요?"

"아! 그것도 이유가 있어."

파토쌤이 지수를 보며 설명했어.

"우리 뇌는 애매한 모양이나 소리를 익숙한 것으로 판단하려는 습관이 있어. 특히 사람이나 동물로!"

바로 '파레이돌리아'라는 심리 현상이지.

파토쌤은 휴대폰에서 사진을 찾아 내밀었어.

"사진을 보고 뭐가 제일 먼저 떠올라?"

태민이와 지수는 깔깔 웃었어.

모두 다른 물건인데 다 사람 얼굴로 보였거든.

"표정이 엄청나게 웃겨요."

"크크크, 완전히 이모티콘 같은데요?"

파토쌤이 다른 사진을 보여 줬어.

"이건 어때? 오랫동안 화제가 된 아주 유명한 사진이야."

"1976년에 바이킹 우주선이 화성에서 찍은 사진이야."

깜짝 놀란 지수가 되물었어.

"화성요? 사람도 안 사는데 저런 게 있어요?"

"그 당시엔 카메라 성능이 낮았어. 그래서 빛과 그림자의 장난으로 사람처럼 찍힌 거야. 사진을 보고 몇몇 과학자들은 외계인이 만든 것이라고 믿었어.

이건 1998년에 같은 곳을 찍은 사진이야. 더 성능 좋은 카메라로 찍은 거지.

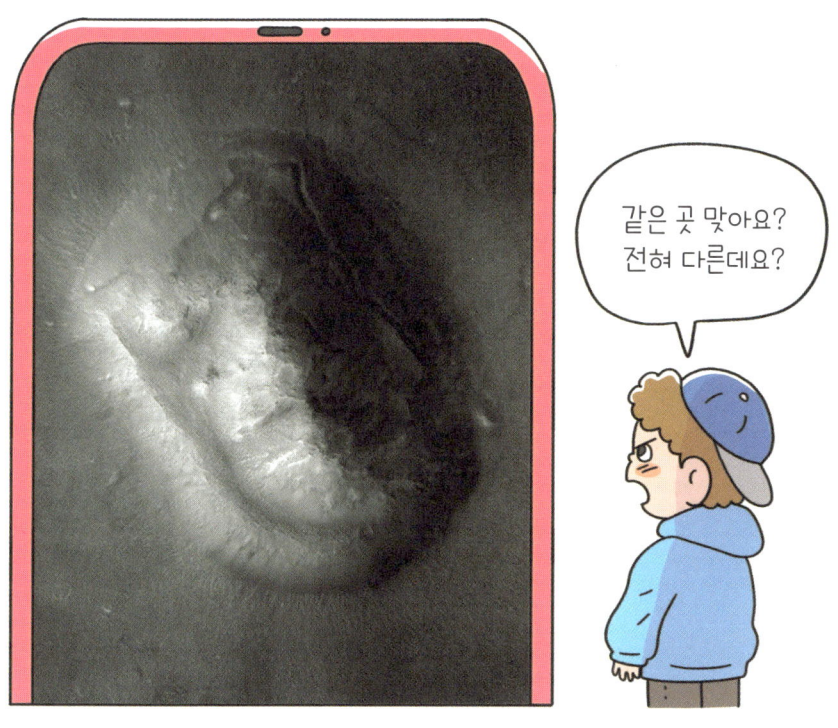

얼굴처럼 안 보이지? 그래서 항상 과학적으로 의심하는 자세가 필요해. 뇌가 착각할 가능성이 있으니까."

지수는 조금 오싹했어.

"뇌 과학이 무서운 거였어요?"

철컹!

문밖에서 갑자기 소리가 들렸어.

태민이가 소곤거렸어.

"혹시, 밖에서 무슨 소리 들리지 않았어요?"

지수도 덩달아 소곤거렸어.

"저도 들었어요. 설마 도, 도둑?"

쉿! 파토쌤은 검지로 신호를 보냈어.

저벅저벅

발소리가 지수 방문 앞에서 딱 멈췄어.

세 사람 모두 심장이 튀어나올 것 같았어.

파토쌤은 조용히 침대 뒤로 숨으라는 손짓을 했어.

태민이와 지수가 움직이려는 그때!

문이 벌컥 열리고!

"으악!"

지수의 귀신 공포 상담 일기

XX년 ○월 ○일 날씨 ☀

오늘 집에서 파토쌤, 태민이와 귀신 수사를 했다.

그런데 갑자기 밖에서 저벅저벅 소리가 들렸다.

도둑인 줄 알았는데……!

조용히 집에 들어온 엄마, 아빠였다. 얼마나 놀랐는지!

내가 아직도 귀신으로 보이니?

다음날, 공포 탐정단이 다시 모였어.
"오늘은 귀신 소리의 원인을 정확히 찾아보자!"

먼저 지수가 들은 소리의 정체부터 파헤쳐 볼까?

"들었던 소리는 어떤 소리와 비슷했어?"
지수가 밤마다 들었던 소리라며 확신했어.
"꼭 누가 손톱으로 유리를 긁는 소리 같았어요."

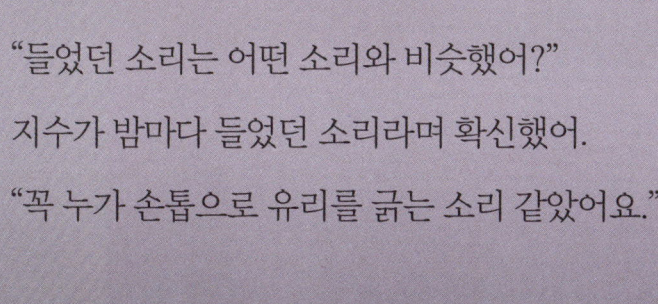

파토쌤은 컴퓨터에 '끼익'이라고 저장된 소리를 틀었어.

"혹시 이런 소리였어?"

끼이이이익~

지수가 늘 듣던 바로 그 소리야.

흠칫 놀라면서도 지수는 열심히 고개를 끄덕였어.

"맞아요! 바로 이 소리예요!"

소리는 몇 초마다 규칙적으로 반복됐어.

"소리는 어떤 물체가 진동할 때 발생해. 그 진동이 공기를 통해 우리 귀까지 전달되지. 이것을 '음파'라고 해."

파토쌤이 모니터를 가리키며 말했어.

"소리가 반복되지?"

지수도 뭔가 깨달았나 봐.

"어……. 그러고 보니 우리 집 창문도 바람이 불면 이렇게 규칙적으로 흔들리는데."

파토쌤이 엄지와 중지를 딱 튕겼어.

"맞아! 이건 문틈으로 바람이 지나가면서 내는 소리야. 지수가 들은 것도 이 소리일걸?"

파토쌤은 틈새가 있는 아크릴판에 송풍기를 댔어.

바로 '후우욱' 하는 바람 소리가 났지.

태민이는 넉살을 떨었어.

"에이, 귀신 방귀 소리예요?"

'또 지저분한 소리 한다!'

파토쌤은 귀를 한 번 후비고, 송풍기를 아크릴 판에 더 바짝 붙이고 바람 세기를 키웠어. 소리가 점점 높아지더니 마침내!

끼이이익!

지수의 눈도 커졌어.

"어, 집에서 나는 소리하고 똑같아요!"

긴가민가했던 실험이 성공하자 지수는 관심을 보이기 시작했어.

"그럼, 화장실에서 들린 이상한 소리는요?"

파토쌤이 씩 웃었어.

"그것도 당연히 실험해 봐야지!"

파토쌤이 빨대를 보여 주며 말했어.

"이렇게 동그란 관을 공기가 지나갈 때는 진동이 생겨. 평소보다도 더 커다란 소리를 내며 시끄럽게 떨리지."

작았던 소리가 배관을 지나면서 크고 기괴한 소리로 변하니, 당연히 무섭게 느껴질 수밖에.

파토쌤의 설명에 지수는 조금 허탈했어.

"와……. 이것도 귀신이 아니었네요?"

"밤에는 왜 이런 무서운 소리만 잘 들릴까요?"

태민이의 말에 파토쌤이 씩 웃으며 말했어.

"게임하자!

들리는 소리가 뭔지 맞추는 게임이야. 규칙은 간단해. 먼저 이름을 외치고 답을 말하는 거지."

두 사람이 준비를 마치자, 파토쌤이 소리를 틀었어.

지수는 이제 안심이 됐어.

"그럼, 제가 들은 건 다 착각인 거죠?"

파토쌤이 대답했어.

"그렇지! 그동안 지수가 집에서 무서워했던 소리를 지도로 한번 그려 보자."

상담 실장의 귀신 공포 상담 일지

알면 무섭지 않다!

지수네 방 : 현장 답사를 통한 과학적 퇴마

친구 지수가 방에서 귀신이 나온다며 상담을 요청했어요.
파토쌤과 지수네 집으로 가서 귀신의 정체를 확인했어요.

1. 문이 저절로 닫히는 것은 방 안의 기압 변화 때문이었어요.
2. 벽에 나타나는 귀신은 가로등에 비친 나무 그림자였어요.
3. 왜 어두울 때 더 겁을 먹는지 이해할 수 있었어요.

음향 연구실 : 지수와 함께 음향 연구실 방문

파토쌤과 함께 음향 연구실에 갔어요. 지수네 집에서 들리는 이상한 소리의 원인을 알아봤어요.

1. '끼이익' 소리는 창문 틈새로 새어 들어온 바람 때문이었어요.
2. '툭툭', '웅웅' 대는 소리는 배관 압력 차이로 생긴 소리가 증폭된 거였어요.
3. 귀신 소리로 착각할 수 있는 여러 소리에 대해 알아봤어요.

상담소 톡! 톡!

안녕! 나, 태민이. 알다시피 '아무거나 상담소' 실장이야. 파토쌤과 과학 이야기를 하는 게 요즘 제일 재미있어. 오늘까지 상담소에 의뢰인이 세 명이나 왔어.

우리가 해결한 고민이 벌써 세 가지라니! 상담소장 파토쌤과 상담 실장인 내 활약 어땠어? 파토쌤이랑 공부하면서 한 가지 깨달은 게 있어.

우리는 하루하루가 고민투성이야. 금세 해결되는 사소한 문제부터 시간이 한참 지나야 해결되는 복잡한 문제까지 아주 다양한 고민을 하더라.

그래도 모든 고민은 언젠가 끝이 난대. 괴짜지만, 척척

박사 파토쌤이 한 말이니까 믿어도 돼.

넌 어떤 특별한 고민이 있어? 언제든 좋으니까 상담소의 문을 두드려 줘. 내가 네 고민을 열심히 들어 줄게. 파토쌤도 멋진 조언을 해 주실 거야. 함께 고민을 해결해 보자.

어디다 물어봐야 할지 애매하지만 중요한 궁금증이 있어? 그렇다면…… 같이 외쳐 볼까? 아무거나 상담소!

엉뚱한 과학덕후 파토쌤의
오싹오싹 상담소
벌레·벼락·귀신이 무서워!

1판 1쇄 인쇄 2025년 10월 15일 | 1판 1쇄 발행 2025년 10월 30일

글 원종우 이선강 | **그림** 유영근 | **감수** 와이즈만 영재교육연구소
발행처 와이즈만 BOOKs | **발행인** 염만숙 | **출판사업본부장** 김현정 | **편집** 김예지 양다운 이지웅
기획·진행 CASA LIBRO | **디자인** 퍼플페이퍼 | **마케팅** 강윤현 장하라

출판등록 1998년 7월 23일 제1998-000170 | **제조국** 대한민국
주소 서울특별시 서초구 남부순환로 2219 나노빌딩 5층
전화 마케팅 02-2033-8987 | **편집** 02-2033-8928 | **팩스** 02-3474-1411
전자우편 books@askwhy.co.kr | **홈페이지** mindalive.co.kr | **사용 연령** 8세 이상
ISBN 979-11-24037-01-0 74410 979-11-24037-00-3(세트)

ⓒ2025, 원종우 이선강 유영근 CASA LIBRO
이 책의 저작권은 원종우, 이선강, 유영근, CASA LIBRO에게 있습니다.
저자와 출판사의 허락 없이 내용의 일부를 인용하거나 발췌하는 것을 금합니다.

잘못된 책은 구입처에서 바꿔 드립니다.

와이즈만 BOOKs는 (주)창의와탐구의 출판 브랜드입니다.
KC마크는 이 제품이 공통안전기준에 적합하였음을 의미합니다.